Native Foods of Latin America

CHILES

Inés Vaughn
Traducción al español: Ma. Pilar Sanz

PowerKiDS press. & **Editorial Buenas Letras**™
New York

Published in 2009 by The Rosen Publishing Group, Inc.
29 East 21st Street, New York, NY 10010

First Edition

Editor: Amelie von Zumbusch
Book Design: Kate Laczynski
Photo Researcher: Jessica Gerweck

Photo Credits: Cover, p. 1 © Craig Lowell/Age Fotostock; cover texture, p. 1 © www.istockphoto.com/Andrew Spence; p. 4 © Glow Images/Getty Images; pp. 7, 11, 15, 19 Shutterstock.com; p. 8 © www.istockphoto.com/Karin Lau; p. 12 © DEA/G. Dagli Orti/Getty Images; p. 16 © Sean Sprague/Peter Arnold, Inc.; p. 20 © Stefano Pensotti/Age Fotostock.

Library of Congress Cataloging-in-Publication Data

Vaughn, Inés.
  Chiles / Inés Vaughn ; traducción al español, Ma. Pilar Sanz. — 1st ed.
     p. cm. — (Native foods of Latin America)
  Includes index.
  ISBN 978-1-4358-2725-7 (lib. binding)
  1. Cookery (Peppers)—Juvenile literature. 2. Peppers—Latin America—Juvenile literature. 3. Peppers—Juvenile literature. I. Title.
  TX803.P46V38 2009
  641.6'384—dc22
                                    2008026669

Manufactured in the United States of America

CONTENTS

CONTENIDO

Chiles are hot! The **spiciness** in many Latin American foods comes from chiles. In fact, chiles are among the most important **ingredients** in Latin American cooking. There are many kinds of chiles. Some are pretty **mild**, but others are hot enough to make your eyes water.

¡Los chiles son picantes! En muchos de los platillos típicos de Latinoamérica el picante viene de los chiles. De hecho, los chiles son uno de los **ingredientes** más importantes de la cocina latinoamericana. Hay muchos tipos de chiles. Algunos no son muy picosos, pero otros pueden hacerte llorar.

Chiles can be eaten raw, cooked, or dried. Dried chiles are generally hotter than fresh chiles. Chiles are often known by another name once they have been dried. For example, dried jalapeños are called chipotles. When a fresh poblano is dried, it becomes an ancho.

Los chiles se pueden comer **crudos**, cocidos o secos. En general, los chiles secos son más picosos que los crudos. Los nombres de los chiles cambian cuando se usan secos. Por ejemplo, los jalapeños se conocen como chipotles cuando están secos. Un chile poblano es un chile ancho cuando está seco.

People grow hundreds of kinds of chiles, such as tabascos, habaneros, and chilacas. Chiles are hot because they have something called capsaicin in them. Hotter chiles have more capsaicin. Chiles are both hot and good for you! They are full of **vitamins**, which keep people healthy.

Existen cientos de chiles distintos, como los tabascos, habaneros y chilacas. Los chiles son picantes porque tienen una sustancia llamada capsaicina. Los chiles que tienen más capsaicina son más picantes. Pero los chiles no sólo son picantes, también son muy buenos para la salud. Los chiles tiene muchas **vitaminas** que te ayudan a estar sano y fuerte.

More than 20 kinds of wild chiles grow in North America and South America. Long ago, Native Americans began growing chiles with seeds from these wild plants. **Scientists** have discovered that Native Americans grew and traded chiles in Ecuador about 6,000 years ago!

En el continente americano se cultivan más de 20 clases de chiles. Hace mucho tiempo los indígenas americanos comenzaron a cultivar chiles de plantas silvestres. ¡Los **científicos** han descubierto que los indígenas de Ecuador cultivaban y comerciaban chiles hace 6,000 años!

The Native Americans ate chiles in many different ways. In the Caribbean, chiles were often eaten whole and raw. The Aztecs, who lived in Mexico, made **sauces** from chiles and other ingredients, such as tomatoes. The Aztecs used dried chiles to make drinks.

Los indígenas americanos comían chiles de diferentes maneras. En el Caribe, los chiles se comían enteros o crudos. Los aztecas, en México, hacían salsas con chiles y otros ingredientes, como tomates. Los aztecas incluso usaban chiles secos para preparar bebidas.

In the 1400s and 1500s, Europeans arrived in Latin America. Their arrival brought many changes. However, Latin Americans kept growing chiles. The Europeans carried some of these chiles with them to Europe, Asia, and Africa. Different kinds of chiles became prized in different places.

En los años 1400 y 1500, los exploradores europeos llegaron a Latinoamérica. Con la llegada de los exploradores se dieron muchos cambios, pero los indígenas siguieron cultivando chiles. Los exploradores llevaron algunos de estos chiles a Europa, Asia y África. Algunos de estos chiles se hicieron muy populares en diferentes lugares.

15

Today, different parts of Latin America have their own special chiles. The ají amarillo is common in Peru and other parts of South America. The ají caballero is used in many Puerto Rican dishes. Mild poblanos are widely eaten in Mexico. They are often **roasted** or stuffed.

Actualmente, cada región de Latinoamérica tiene su tipo de chile. En Perú, y otras partes de Sudamérica, el ají amarillo es muy común. En la comida de Puerto Rico se utiliza mucho el ají caballero. En México, los chiles poblanos son muy populares. Con frecuencia se cocinan **asados** o rellenos.

Chiles are served many ways. Raw, chopped chiles are mixed with other ingredients to make *salsa fresca*, which is served with many meals. Chiles are cooked in sauces, such as Mexico's *moles*. Bottled hot sauces made from chiles are common on Latin American tables.

Los chiles se sirven de muchas maneras. Chiles crudos y picados se mezclan con otros ingredientes para hacer salsa fresca. Los chiles también se cocinan en salsas, como en los moles mexicanos. Salsas embotelladas de chile son comunes en las mesas de Latinoamérica.

Today, people all around the world eat chiles. Chiles are a key ingredient in foods from Thailand and some parts of China. Some Indian curries, or dishes with a mix of spices, use chiles. The world's hottest kind of chile, the naga jolokia, is grown in Assam, India.

Hoy, los chiles se comen en todo el mundo. Los chiles son un importante ingrediente en la comida de Tailandia y en la de China. El curry, un **condimento** muy popular en India, lleva chiles. El chile más picante del mundo, el naga jolokia, se cultiva en la región de Assam, en India.

Whether they like the mild bite of a poblano chile or prefer the heat of a naga jolokia, people around the world love chiles. The many wonderful members of the chile family have been spicing up foods for thousands of years. May they do so for thousands more!

Ya sea el sabor de un poblano o el picor de un naga jolokia, la gente de todo el mundo disfruta de los chiles. Durante miles de años la gran familia de los chiles le ha dado un sabor picante a nuestra comida. ¡Qué vivan los chiles y su picante sabor!

GLOSSARY

ingredients (in-GREE-dee-unts) The parts of something that is mixed.

mild (MYLD) Not sharp or strong tasting.

roasted (ROHST-ed) Cooked over high heat or in an oven.

sauces (SOS-ez) Toppings served on or with food.

scientists (SY-un-tists) People who study the world.

spiciness (SPY-see-nes) Hotness in taste.

vitamins (VY-tuh-minz) Things that help the body fight illness and grow strong.

GLOSARIO

asar Cocinar en altas temperaturas en una parrilla o en el horno.

científicos (los) Personas que estudian nuestro mundo.

continente Gran extensión de tierra en la que se encuentran varios países.

crudo Alimento que no está cocido.

ingredientes (los) Las partes de un platillo.

vitaminas (las) Sustancias que ayudan al cuerpo a evitar enfermedades y a crecer fuerte.

INDEX

C
capsaicin, 9
chilacas, 9
chipotles, 6

E
Ecuador, 10
Europeans, 14

H
habaneros, 9

I
India, 21

J
jalapeños, 6

M
Mexico, 17

P
Peru, 17

T
tabascos, 9
Thailand, 21

V
vitamins, 9

ÍNDICE

C
capsaicina, 9
chilacas, 9
chipotles, 6

E
Ecuador, 10
europeos, 14

H
habaneros, 9

I
India, 21

J
jalapeños, 6

M
México, 17

P
Perú, 17

T
tabascos, 9
Tailandia, 21

V
vitaminas, 9

WEB SITES / PÁGINAS DE INTERNET

Due to the changing nature of Internet links, PowerKids Press and Editorial Buenas Letras have developed an online list of Web sites related to the subject of this book. This site is updated regularly. Please use this link to access the list: www.powerkidslinks.com/nfla/chile/